Inhalt

Herstellung und Verlag:

© 2018
Herstellung und Verlag: BoD – Books on Demand, Norderstedt.
ISBN: 9783752831856

VORWORT

Wünschst du dir von deiner Spielleitung mehr Kreativität und Einfallsreichtum?
Spielt ihr regelmäßig die gleichen Spielmodi, obwohl es dich im Finger juckt, einmal Anderes auszuprobieren?

Band 2 der Reihe bietet dir eine Auswahl alternativer Spielmodi mit essentiellen Informationen.

Veranstaltest du selber Spiele?

Lies dir die vorgestellten Spielmodi durch und überlege, welche du dir in der vorgestellten Version umsetzbar erscheinen. Hab keine Scheu davor sie für und deine Spieler zu adaptieren und passend umzuwandeln.

Überrasche deine Spieler mit neuen, innovativen Ideen!

Nahezu alle Spieler schätzen es, ihr Können in unterschiedlichen Spielvariationen zu beweisen. Deshalb reichen die hier vorgestellten Spielmodi von Speedgame-Klassikern (Team Deathmatch) bis zu verschiedene Szenarien!

Spieler wünschen sich Spaß – sorge dafür, dass sie ihn bekommen! Stell sie vor neue Herausforderungen!

Gib deinen Spielen deinen persönlichen „Fingerabdruck" – sei kreativ!

DIE SPIELMODI

Im Airsoft existieren unterschiedlichste Spielmodi – nicht zuletzt dem Erfindungsreichtum und der Kreativität von Spielleitung und Veranstalter geschuldet.

Reichlich Inspiration erhalten kreative Köpfe durch Videospiele und Filme. Sie lassen Spieler die Helden in ihrer eigenen Geschichte sein.

Speedgame-Fans schätzen hohe „Trefferquoten". MilSim-Fans indes erfreuen sich taktischerer Elemente und Komponenten, die ihnen das Gefühl vermitteln, mitten im Geschehen einer „Kampagne" zu verweilen.

*Spielleiter bieten den Spielern die Möglichkeit,
sich selber wie Helden zu fühlen.*

Ähnlich den Geschichten von Zauberern und Drachen in mittelalterlichen Heldenepen, sind es im Airsoft Elite-einheiten, Scharfschützen und andere „Charaktere", die Kampagnen gewinnen und als Sieger aus ihren Aufgaben hervorgehen.

Allgemeine Tipps

Organisiere benötigtes Equipment. Je nach Spielmodus variiert der Bedarf. Gedenkst du mehr zu experimentieren, ist es sinnvoll, eine „Basisausrüstung" zusammenzustellen!

Brauchbares Basis-Equipment:

- o verschiedenfarbige Schleifen
- o Flaggen
- o Zettel und Schreibmaterial
- o Timer / Schachuhren
- o Timer
- o Material für Barrikaden
- o Material für Absteckungen (Bänder, Flaggen, …)
- o Behälter unterschiedlicher Größe
- o Murmel und/oder Kieselsteine
- o Handkoffer

Adaptierst du Spielmodi, setze dafür vorgesehenes Equipment auf deine Liste. Im Lauf der Zeit bekommst du auf diese Weise einen ausnehmend gut gefüllten Fundus.

Spielmodi

Der Einfachheit halber heißen die Gruppen in diesem Buch „Team". Es steht dir frei, sie „Squad", „Einheit" oder anderweitig zu benennen.

Achte auf ausreichende Anzahl an Armschleifen in unterschiedlichen Farben.

Tipp:

Üblicherweise nutzen Spielleiter knallige oder deutlich sichtbare Farben. Probier es mit erdigeren und/oder dunkleren Farbtönen. Die Zugehörigkeit bleibt, jedoch stechen die Spieler bei MilSims damit nicht

überdeutlich aus Tarnungen und/oder Verstecken
hervor.

Vor allem bei FFAs findest du ähnliche, weil spielerprobte,
Modi wie „Team Deathmatch". In Anbetracht regelmäßig
neuer Spieler eine sinnvolle Idee, die du jederzeit anpassen
kannst.

Nimm altbekannte Spielmodi und verändere sie. Baue auf
vorgestellten Modi auf und ergänze sie mit neuen,
unerwarteten Dingen. Halte dich nicht sklavisch an Vorgaben,
sondern zieh dein eigenes Ding durch!

- o *Komplexität:*
  Schwierigkeitsgrad - varriert nach Spielerfahrung
- o *Spielumgebung:*
  Welche Umgebung eignet sich besonders gut?
- o *Benötigt:*
  Was brauchst du für diesen Modus?
- o *Szenario:*
  die Ausgangsbasis
- o *Spielinhalt:*
  Worum geht es und wie ist der Modus auszuführen?
- o *Spielziel:*
  Was sollen die Spieler erreichen?
- o *Anmerkung für den Spielleiter:*
  Allgemeine Informationen, Tipps, Tricks und mehr!

Du kannst jeden einzelnen Aspekt anpassen, erschweren oder
erleichtern. Sieh die Vorgaben als „Ausgangsbasis" deiner
eigenen Ideen an!

01 – Last man standing

Komplexität:
1 von 10

Spielumgebung:
offene Flächen, Wald, Wiesen, Hallen, Häuser

Benötigt:
ab 2 Spielern aufwärts

Spielinhalt:

➤ Die Spieler starten von unterschiedlichen Plätzen auf
dem Spielgelände.

➤ Jeder getroffene Spieler verlässt das Spielfeld – jeder
verfügt über **ein** Leben.

➤ Es existieren keine Verbündeten und keine Freunde,
jeder »kämpft« für sich!

Spielziel:
Den »Jeder-gegen-Jeden« Modus gewinnt, wer zuletzt am
Spielfeld steht!

Anmerkung für den Spielleiter:
Dieser Spielmodus gehört zu den beliebtesten. Vor allem
auf FFA (Free for all) Events gehört »Last man standing«
zum Standardrepertoire! Einfach zu begreifen und mit
keinerlei Materialaufwand versehen, ermöglicht er
Spielspaß pur!

02 - One in the Chamber

Komplexität:

    3 von 10

Spielumgebung:

    offene Flächen, Wald, Wiesen, Hallen, Häuser

Benötigt:

    ab 2 Spielern aufwärts

Spielinhalt:

> ➤ Die Spieler starten von unterschiedlichen Plätzen auf dem Spielgelände.
> ➤ Pro Spieler ist eine BB gestattet
>   –> zielgenaues Treffen ist deshalb wichtig!
> ➤ Trifft der Spieler mit der BB, darf er **eine** neue BB in das Magazin laden.
> ➤ Wer seine BB verschießt, ohne zu treffen, muss in den »Nahkampf! Durch »messern« oder »shooten« besteht, die Möglichkeit, Gegenspieler aus dem Spiel zu katapultieren.
> ➤ Schafft er es einen Gegner zu »messern« oder zu »shooten«, darf sich der Spieler erneut eine BB in das Magazin füllen.

Spielziel:

Den »Jeder-gegen-Jeden« Modus gewinnt, wer zuletzt am Spielfeld steht!

Dieser Spielmodus funktioniert am besten bei fairen Spielern oder wenn sich die Spieler kennen. Ohne Vertrauen in die Ehrlichkeit funktioniert dieser Spielmodus nicht!

Weise die Spieler darauf hin, dass es essentiell ist, niemals mehr als **eine** BB im Magazin sein darf.

Empfiehl den Spielern keine Markierer zu verwenden, die ausschließlich im Full-Auto-Modus funktionieren. Maschinengewehre und ähnliche Modelle sind im Eifer des Gefechts nicht rasch genug befüllbar!

Variante:

Verstecke auf dem Spielfeld mehrere, kleine Behälter, gefüllt mit jeweils 10 BB. Wer diese findet, hat das Recht, sie sofort in sein Magazin füllen und am Stück zu verschießen

Achte darauf WER die Behälter findet, indem du den betreffenden Spieler im Anschluss den Behälter abnimmst. Nummeriere die Behälter! Sind am Ende dieses Spielmodus Behälter am Gelände geblieben, bietet sich im Anschluss eine Schnitzeljagd an!

Wer die meisten Behälter findet, gewinnt!

03 – Einsamer Wolf

Komplexität:
2 von 10

Spielumgebung:
offene Flächen, Wald, Häuser, Hallen

Benötigt:
ab 3 Spielern aufwärts
1 Einzelspieler gegen alle

Spielinhalt:
- ➢ 1 Einzelspieler meldet sich freiwillig!
- ➢ Dieser Spieler tritt gegen alle anderen Spieler an.
- ➢ *»Einsamer Wolf«* -> 3 Leben
  Gegenspieler -> 1 Leben

Spielziel:
Der »Einsame Wolf« gewinnt, sobald er alle Gegenspieler aus dem Spiel entfernt!

Anmerkung für den Spielleiter:
Dieser Spielmodus eignet sich für alle Spieler, die gern einmal im Mittelpunkt stehen. Mit Glück gewinnt der »Einsame Wolf«.

Empfehlung:
Achte auf ein Minimum an »Ausgewogenheit« um Frust zu vermeiden.

o Beschränkung auf eine gewisse Anzahl von Spielern
o Einschränkung der »Markiererwahl«

Variante:

Verknüpfe den Spielmodus „Einsamer Wolf" mit einer kreativen Aufgabe. Gib ihm unterschiedliche Vorgaben und Möglichkeiten. Lass ihn rätseln.

Ein beschäftigter „Einsamer Wolf" kann seine Aufgabe erfüllen, wenn er gut genug ist oder sich gut genug tarnt.

Sind dir zu viele Gegner für den „Einsamen Wolf", stelle ihm einen „Helfer" beiseite – beispielsweise einen Maulwurf, von dem er anfangs nichts weiß.

o *Geiselbefreiung*
der „Einsame Wolf" befreit eine Geisel und bringt sie in Sicherheit
o *Gefängnisausbrauch*
Überwältigung seiner Bewacher und Flucht in den sicheren Respawn - mit einem Gummi- oder Latexmesser und einer Sidearm
o *Scharfschütze*
Auftrag erfüllt – Ziel eliminiert
er muss sich in Sicherheit bringen, bevor die Gegenseite ihn zur Rechenschaft zieht

04 – find the Terrorist

Komplexität:
4 von 10

Spielumgebung:
Wiese, Wald, Häuser

Benötigt:
ab 3 Spielern

Spielinhalt:

> ➢ 1 Einzelspieler meldet sich freiwillig! Er darf an Ausrüstung und Munition bei sich tragen, was ihm beliebt.
> ➢ Vor Spielstart versteckt sich der »Terrorist« auf dem Spielfeld.
> ➢ Alle anderen Spieler gehören zum »Counter-Terrorist-Team«. Ihre Aufgabe ist es, den »Terroristen« zu finden und zu eliminieren.
> ➢ Jeder Member des »Counter-Terrorist-Team« verfügt über 3 Leben. Nach einem Treffer ist das Aufsuchen des »Respawn« notwendig, es gibt keine Wartezeit im »Respawn«.

Spielziel:
1 Spieler gegen alle – der Terrorist ist getroffen oder seine Gegenspieler sind allesamt aus dem Spiel.

Anmerkung für den Spielleiter:

Verschärfe den Spielmodus, indem du dem »Counter-Terrorist-Team« lediglich eine Sidearm zugestehst.
Dem »Terroristen« ist jegliches Material gestattet. Er muss es tragen, sofern er einen Versteckwechsel plant.

05 – Counterkill-Parcour

Komplexität:

1 von 10

Spielumgebung:

Wald, Wiese, Häuser, Halle

Benötigt:

ab 8 – 10 Spieler
Material zur »Begrenzung« eines Parcours (Wimpel,
Flaggen, Bänder, ...)
Timer

Spielinhalt:

➢ Stecke einen passenden Parcour ab.
➢ Wähle einen Spieler aus! Dieser hat in der Safezone zu
  warten!
➢ Teile den anderen Spielern fixe Positionen außerhalb
  des Parcours zu. Sie dürfen sich maximal 2 m von
  diesen Fixpunkten entfernen.
➢ Schicke den Spieler an den Start. Seine Aufgabe ist es,
  sich durch den Parcour zu kämpfen. Betätige den
  Timer, wenn er startet. Verlässt er den Parcour, hat er
  verloren.
➢ Nach dem fünften Treffer ist der Solo-Spieler draußen.
  Die Restspieler verfügen über **ein** Leben.

Spielziel:

Erreichen der höchsten Punktezahl!

Anmerkung für den Spielleiter:

Dieser Spielmodus ähnelt dem Prinzip diverser Ego-Shooter. Es funktioniert umso besser, wenn dir mehr Spieler zur Verfügung stehen.

Lose die Reihenfolge der Solo-Spieler aus! Der vorherige Solo-Spieler nimmt den Platz des neuen Solo-Spielers ein. Der Spielmodus endet, sobald jeder einmal den Parcour durchquert hat. Mische die Fixpositionen regelmäßig durcheinander.

Achtung:

Die Komplexität besteht in der Aufgabe für den Spielleiter mit der Punkteberechnung. Die angeführte Berechnungsliste ist ein Vorschlag. Wandle ihn nach eigenem Gutdünken ab.

Berechnung:

Pro eliminierten Gegner: +5 Points

pro erreichtem Safepoint: +10 Points

Extrapunkte:

Alle Safepoints: +30 Points

alle Gegner rausgefeuert: +70 Points

Strafpunkte:

Getroffen worden – pro Treffer: -5 Points

komplett raus: -10 Points

Zeit:

nach eigenem Ermessen

06 - Vietnam

Komplexität:

2 von 10

Spielumgebung:

offene Flächen, Wald, Wiesen, Hallen, Häuser

Benötigt:

ab 4 Spielern aufwärts
pro Spieler Schleifen in zwei verschiedenen Farben – oder
mit Wendemöglichkeit

Spielinhalt:

> Teile die Spieler in zwei Teams auf.
> Sobald ein Spieler getroffen wird, wechselt er das
> Team! Dadurch verändern sich die Größenverhältnisse
> der Teams!

Spielziel:

Alle Spieler befinden sich in einer Gruppe!

Anmerkung für den Spielleiter:

Gib jedem Spieler zwei Schleifen mit oder vertraue auf die
Ehrlichkeit der Spieler. Weise sie an, bei einem
Teamwechsel die Farbe der Schleifen auszutauschen!

07 - Gladiatorenkampf

Komplexität:
4 von 10

Spielumgebung:
kleinere Spielfläche, eng begrenzter Raum wie eine Halle oder kleines Waldstück

Grundvoraussetzung
muss von beiden Seiten gleichermaßen einfach zu betreten und zu verlassen sein

Benötigt:
2 – 10 Spieler
Timer auf 2 Minuten einstellbar
1 schrille Pfeife

Spielinhalt:

➢ Teile die Spieler in zwei Teams auf.
➢ Gib ihnen die Startpunkte bekannt.
➢ Jedes Team bestimmt eine Reihenfolge, in der ihre Member das Spielfeld betreten!
➢ Sobald die Teams ihre Plätze eingenommen haben, gibt die Spielleitung das Startsignal.
➢ Von beiden Teams starten gleichzeitig die ausgewählten »Spieler A«. Sie haben zwei Minuten Zeit das Spielfeld zu durchqueren und das gegenüberliegende Ende zu erreichen. Wem es zuerst gelingt, gewinnt und kommt weiter. Der Verlierer

[19]

scheidet aus.

Achtung:

    Wird einer der Spieler getroffen, verliert er automatisch.

➢ Im Anschluss erhalten die nachfolgenden Spieler (B, C, D, ...) ihre Chance – ebenfalls auf jeweils 2 Minuten begrenzt!

➢ Sind alle Spieler durch, geht es in die zweite Runde mit den Siegern.

➢ Sie treffen erneut eine Wahl über die Reihenfolge.

➢ Pro »Paar« bekommen sie erneut zwei Minuten zugestanden.

➢ Bei ungerader Spieleranzahl darf ein Spieler als »Joker« 2x antreten.

Spielziel:

Sieger ist jenes Team, in dem es »überlebende« Spieler gibt.

Anmerkung für den Spielleiter:

Achte darauf, die Anzahl von 10 Spielern nicht zu überschreiten. Spieler wollen aktiv sein, zu lange Wartezeiten zehren an den Nerven.

Schafft es keiner des »Paares« binnen der vorgegebenen Zeit, das Areal zu durchqueren, gehen beide als »Gewinner« oder »Verlierer« aus der Runde hervor. Diese Entscheidung trifft die Spielleitung.

Empfehlung:

Verfahre gleichermaßen mit allen »Unentschieden«.

[20]

08 - Team Deathmatch – TMD

Komplexität:
1 von 10

Spielumgebung:
Wiesen, Wald, Schottergruben, Häuser, Hallen

Benötigt:
ab 4 Spieler

Spielinhalt:

> Teile die Spieler in zwei Teams auf.
> Beide Teams starten gleichzeitig von ihrem jeweiligen Respawn.
> Erhält ein Spieler einen Treffer, hat er das Spielfeld sofort zu verlassen.

Spielziel:
Das letzte Team mit einem »Überlebenden« gewinnt.

Anmerkung für den Spielleiter:
Der Spielmodus eignet sich vor allem für Neueinsteiger, oder wenn die Spieler einfachere Spielmodi bevorzugen, in denen die taktische Komponente weniger deutlich vertreten ist.
Der Spielmodus eignet sich als Aufwärmrunde und zur Einstimmung für spätere, anspruchsvollere Spiele.

09 - Respawn Deathmatch

Komplexität:

3 von 10

Spielumgebung:

Wiesen, Wald, Schottergruben, Häuser, Hallen

Benötigt:

ab 6 Spieler

2 Behälter (optimal eignen sich ausgewaschene Dosen)

ausreichend BB oder Kieselsteine, die der Assistent ausgibt

Spielinhalt:

➢ Ernenne zwei Spieler zu deinen Assistenten und schick sie getrennt in die Respawn. Sie platzieren sich 5 m vom Respawn weg.

Gib ihnen Behälter mit.

➢ Teile die restlichen Spieler in zwei Teams.

➢ Die Teams starten gleichzeitig.

➢ Für jeden Treffer, den ein Spieler kassiert, geht er zum eigenen Respawn und wirft eine BB oder einen Kieselstein in die Dose.

Diese reicht ihm der Assistent!

➢ Gelingt es einem Spieler, den gegnerischen Respawn zu erreichen, ohne selber getroffen zu werden, reicht der Assistent diesem Spieler 10 BB oder Kieselsteine.

➢ Der Spieler wirft diese BB oder Kieselsteine in den Pott des gegnerischen Teams. Er begibt sich im »Off-

Modus« mit erhobener Hand in den eigenen Respawn, **ohne** dort eine BB oder einen Kieselstein zu platzieren, und startet erneut in das Spielgeschehen.

Spielziel:

Das Team mit den wenigsten BB oder Kieselsteinen im Pott gewinnt!

Anmerkung für den Spielleiter:

Jeder Spieler hat unendlich viele Leben. Begrenze die Spielzeit auf 30 Minuten.

Variante:

Verstecke Fähnchen auf dem Spielfeld. Achte darauf, dass sie verschiedene Länder repräsentieren. Welche Länder du wählst, spielt keine Rolle!
Teile jeder Landesflagge eine konkrete Anzahl BB oder Kieselsteine zu. Die Abrechnung erfolgt im Anschluss. Damit gewährleistest du, dass die Spieler bis zum Ende im Ungewissen bleiben – umso größer die Überraschung!

eine mögliche Aufteilung:

10 BB – Flagge USA
5 BB – Flagge Deutschland
3 BB – Flagge UDSSR
1 BB – Flagge Japan
0 BB – Flagge Kanada
-3 BB – Flagge Alaska
- 10 BB – Flagge Sibirien

10 –Sniper and Spotter

Komplexität:
2 von 10

Spielumgebung:
Wald, Wiese, Schottergrube, Häuser, Halle

Benötigt:
ab 4 Spieler

Spielinhalt:

➢ Wähle zwei Spieler und schicke sie auf das Gelände, wo sie sich als »Scharfschütze und Beobachter« positionieren.

➢ Schicke nach 5 Minuten die restlichen Spieler auf das Gelände. Jeder von ihnen hat die Aufgabe den Scharfschützen und seinen Beobachter zu eliminieren.

Spielziel:
Das letzte Team mit einem »Überlebenden« gewinnt.

Anmerkung für den Spielleiter:
Bevorzuge jene Spieler für das Zweierteam, das über zumindest einen Ghillie verfügt.

11 - Collect it!

Komplexität:

3 von 10

Spielumgebung:

Wiesen, Wald, Schottergruben, Häuser, Hallen

Benötigt:

ab 10 Spieler

pro Spieler 4 Bänder

Spielinhalt:

> ➢ Ernenne zwei Spieler zu deinen Assistenten und schick sie vorab zu den Respawn.
> ➢ Gib jedem Spieler 4 Bänder. Diese sind an der linken Schulter zu tragen.
> ➢ Teile die Spieler in zwei Teams auf.
> ➢ Bei einem Treffer hat der Spieler eines der Bänder zu lösen und dem Schützen zu überreichen. Sofern unklar ist, wer der Schütze war, ist das Band auf jener Stelle hinterlegen, wo er sich beim Treffer befand.
> ➢ Der Schütze nimmt das Band auf und steckt es zu seinen eigenen.
> ➢ Verliert ein Spieler sein letztes Band, hat er das Spielgelände zu verlassen. Findet er auf seinem Rückweg ein »vergessenes« Band am Boden, erhält er ein weiteres Leben!

Spielziel:

Das Team ohne Bänder verliert!

Anmerkung für den Spielleiter:

Es kommt vor, dass Spieler die Bänder auf den Boden legen, weil sie den Schützen nicht zu identifizieren vermögen.

Die Bänder bleiben am Boden liegen. Für aufmerksame Spieler besteht die Möglichkeit, Extra-Leben zu erlangen.

Pro Aufsuchen des Respawn haben die Spieler ein Band dem Assistenten zu übergeben.

Variante:

Verteile vor dem Spiel eine Handvoll Bänder auf dem Spielgelände. Markiere sie mit Zahlen oder Buchstaben, um sie von den »normal« ausgeteilten Bändern zu unterscheiden.

Wer diese speziell gekennzeichneten Bänder entdeckt und sammelt, erhält bei der Abschlusswertung Extrapunkte oder tauscht diese Bänder beim Assistenten im Respawn ein. Pro Spezialband erhält der Spieler 5 »normale« Bänder – pro „normalem" Band gibt es 1 Extraleben!

Verteile weitere Objekte am Gelände, die gegen »normale« Bänder und damit gegen Extraleben eintauschbar sind.

12 - Wolfpack

Komplexität:

2 von 10

Spielumgebung:

offene Flächen, Wald, Wiesen, Hallen, Häuser

Benötigt:

ab 4 Spielern aufwärts

Spielinhalt:

➢ Die Spieler starten von unterschiedlichen Plätzen auf dem Spielgelände.

➢ Mit Spielstart versucht jeder Spieler, beliebig viele andere zu treffen.

➢ Jeder getroffene Spieler schließt sich sofort seinem Schützen an, nachdem er »HIT« vermerkt hat. Jeder erfolgreiche Treffer verstärkt die eigene Seite.

➢ Wer im gemeinsamen Team ist, beschießt sich nicht mehr! Ein Wechsel in ein anderes Team ist nach wie vor möglich.

➢ Spieler eines Teams bleiben nahe beieinander. Damit sind sie klarer als Team erkennbar.

Spielziel:

Alle Spieler befinden sich in einer Gruppe!

Anmerkung für den Spielleiter:.

Es liegt an dir, ob du ihnen verschiedenfarbige Schleifen

mitgibst. Bei kleineren Gruppen sind „Kennzeichnungen"
oftmals unnötig.

Begrenzt du diesen Spielmodus auf 15 Minuten, gewinnt
beim Abpfiff das Team mit der höchsten Spieleranzahl.
Lass die daraus entstandenen Teams zusammen für den
nächsten Spielmodus! Ist die Aufteilung zu unterschiedlich,
wähle einen Modus, der unterschiedlich große Teams
benötigt!

Variante:

    Lose zwei Spieler für die Aufgabe des Leitwolfes aus.
    Ihre Aufgabe ist es, das dominierende Wolfsrudel zu
    erhalten.

Alternativ:

    Teile die Spieler vor Spielstart in Zweierteams ein! Lass
    die Spieler Zettel mit Zahlen aus einem geschlossenen
    Behälter ziehen.

    Viele Teams und Gruppen trainieren gemeinsam. Mit
    dieser Methode würfelst du die üblichen Gruppen
    durcheinander. Wer aufeinander eingespielt ist, weiß
    seinen »neuen« Partner oftmals nicht einzuschätzen –
    gleichzeitig weiß er, wie sein »gewohnter« Partner
    agiert und vorgeht.

13 - Bäumchen wechsel dich!

Komplexität:

2 von 10

Spielumgebung:

Wiesen, Wald, Schottergruben, Häuser, Hallen

Benötigt:

ab 4 Spieler

1 Behälter mit mehreren Zetteln, auf denen die Zahl 1
oder die Zahl 2 steht

Spielinhalt:

➢ Teile die Spieler in zwei Teams auf.
➢ Getroffene Spieler eilen zur Startbasis und ziehen einen
  der Zahlenzettel aus dem Behälter. Wer eine 1 zieht –
  gehört zum 1-er Team und umgekehrt.

Spielziel:

Das Team mit den letzten Spielern am Feld gewinnt.

Anmerkung für den Spielleiter:

Teile die Zahlen auf den Zetteln gleichmäßig auf. Damit
erhält jedes Team ausreichend Chancen auf Zuzug. Gibt es
keine Zettel mehr, erhalten die Spieler keine weiteren
Leben und warten in der Startbasis auf das Spielende.

14– Captainshunt

Komplexität:
4 von 10

Spielumgebung:
Wald, Wiese, Häuser, Halle, Häuser, Hallen

Benötigt:
Ab 10 Spieler

2 gut sichtbare Markierungen für die Captains

1 Megaphon oder eine entsprechend laute Stimme!

Spielinhalt:

➢ Teile die Spieler in zwei Teams auf.

➢ Jedes Team benennt einen Anführer – den Captain. Dieser ist dem gegnerischen Team bekanntzugeben.

➢ Gib die Markierungen den Captains. Gut eignen sich Helmmarkierungen, da die meisten Spieler inzwischen Helme tragen!

➢ Ab Startpfiff ist die einzige Aufgabe der Spieler, den »Captain« zu treffen.

➢ Jeder Spieler hat beliebig viele Leben, bis auf den Captain. Bei ihm reicht ein einziger Treffer und das Spiel ist zu Ende!

➢ Der Captain muss sich offen zeigen, sobald du das Kommando gibst!

Spielziel:

Wer zuerst den gegnerischen Captain ausschaltet, gewinnt.

Anmerkung für den Spielleiter:

Viele Spieler tendieren dazu, sich einzubunkern. Um dies zu unterbinden, hat sich der »Captain« zu bewegen. Gib ihm zwei bis vier Punkte auf dem Gelände, zwischen denen er ständig zu pendeln hat. Dort hat er den jeweiligen Punkt kurz zu berühren und sofort wieder loszugehen.

Ihm steht es frei sich zu tarnen und/oder unterschiedliche Bewegungsmuster zu nutzen – solange er seine „Markierung" offen sichtbar trägt!

Du benötigst Assistenten, die dies beobachten, indem sie von einer bestimmten Höhe aus zusehen (Turm, Gebäudespitze, ...) oder bei den Fixpunkten stehen und warten.

Variante:

Gelingt es dem Captain 10 Minuten ungetroffen zu überleben, darf er bei einem Treffer einen anderen Spieler zum neuen Captain ernennen, der ihn ablöst.

15 – Capture the flag

Komplexität:
3 von 10

Spielumgebung:
offene Flächen wie Wiesen mit Deckungen oder
Schottergruben

Benötigt:
ab 2 Spieler
2 Flaggen

Spielinhalt:

➢ Stecke die Flaggen 5 Meter vor den Respawns der
Teams in den Erdboden.
➢ Teile die Spieler in zwei Teams auf.
➢ Jedes Team soll die gegnerische Flagge erobern –
gleichzeitig gehört die eigene vor dem Gegner
beschützt.
➢ Den Spielern ist es freigestellt, die Flagge zu tragen
und/oder zu werfen.

Achtung:
Wird der Flaggenträger getroffen, hat er die Flagge an
Ort und Stelle liegen zu lassen und sich in den
Respawn zu begeben. Es ist untersagt, die Flagge nach
einem Treffer zu bewegen und/oder zu werfen!

Spielziel:
Eroberung der gegnerischen Flagge!

Es zählt, wer die Flagge am Ende der vorgegebenen Zeit in Händen hält.

Anmerkung für den Spielleiter:

Statt klassischer Flaggen kannst du „Wendeflaggen" nutzen. Du benötigst einen Stock und 2 verschiedenfarbige Tücher (beispielsweise grün und purpur). Fixiere sie an den gegenüberliegenden Stockenden.

Gut aufeinander eingespielte Teams punkten, weil sie einander gut genug kennen, um zu wissen, was der eigene Teammember zu leisten vermag.
Erhöhte Spannung erzeugst du mit einer konkreten Zeitvorgabe, die es einzuhalten gilt!

Variante:

Lass die Teams ihre eigenen Flaggen verstecken. In diesem Modus dürfen Spieler »Gefangene« nehmen und von ihnen den Standort der Flagge erfragen.
Für diese Variante gibst du den Teams die Flagge in die Hand, anstatt sie vorab in den Boden zu stecken.

Lass die Spieler selber entscheiden, wer die Flagge versteckt! Dieser Spieler darf nur mit seiner Sidearm spielen – sinnvollerweise bietet sich ein schneller Läufer an!

16- Kampf um die Flagge

Komplexität:
3 von 10

Spielumgebung:
offene Flächen wie Wiesen mit Deckungen oder
Schottergruben

Benötigt:
ab 4 Spieler nur mit der Sidearm »bewaffnet«
1 Flagge

Spielinhalt:

➢ Stelle in der Spielfeldmitte die Flagge auf.
➢ Teile die Spieler in zwei Teams auf.
➢ Jedes Team soll sich darum bemühen, die Flagge zu
  erobern und in den eigenen Respawn zu bringen.
➢ Den Spielern ist es freigestellt, die Flagge zu tragen
  und/oder zu werfen.

  ### Achtung:
  Wird der Flaggenträger getroffen, hat er die Flagge an
  Ort und Stelle liegen zu lassen und sich in den
  Respawn zu begeben. Es ist untersagt, die Flagge nach
  einem Treffer zu bewegen und/oder zu werfen!

Spielziel:
Eroberung der Flagge! Es zählt, wer die Flagge am Ende
der vorgegebenen Zeit in Händen hält.

Anmerkung für den Spielleiter:

Gut aufeinander eingespielte Teams punkten, weil sie einander gut genug kennen, um zu wissen, was der eigene Teammember zu leisten vermag.

Erhöhte Spannung erzeugst du mit einer konkreten Zeitvorgabe, die es einzuhalten gilt!

Erlaube den Spielern ihre »normalen« Markierer dazu zu nehmen.

Variante:

Platziere »Fake-Sprengfallen« rund um die Flagge. Wer diese berührt, gilt als getroffen und muss zurück in den Respawn.

17- meine Flagge – deine Flagge

Komplexität:
4 von 10

Spielumgebung:
langes Spielgelände (Schottergrube, Wiese, Wald, ...)

Benötigt:
ab 4 Spieler
1-2 Flaggen
1-2 Pfeifen

Spielinhalt:

> ➢ Positioniere vor jedem Respawn in 10 m Abstand eine Flagge.
> ➢ Teile die Spieler in zwei Teams auf.
> ➢ Jedes Team soll sich darum bemühen, die gegnerische Flagge zu erobern und in den eigenen Respawn zu bringen.
> ➢ Den Spielern ist es freigestellt, die Flagge zu tragen und/oder zu werfen.
>
> ### *Achtung:*
> Wird der Flaggenträger getroffen, hat er die Flagge an Ort und Stelle liegen zu lassen und sich in den Respawn zu begeben. Es ist untersagt, die Flagge nach einem Treffer zu bewegen und/oder zu werfen!

Spielziel:

Eroberung der gegnerischen Flagge! Es zählt, wer die Flagge am Ende der vorgegebenen Zeit in Händen hält.

Anmerkung für den Spielleiter:

Die eigene Flagge hat, nach der Rückeroberung, den ursprünglichen Platz einzunehmen. Sie gehört nicht in den eigenen Respawn. Ein Bewegen der eigenen Flagge ist gestattet, nachdem der Gegner sie erobert hat!

Setze die Spieler unter Zeitdruck, indem du die Spielrunde auf 10 – 30 Minuten begrenzt – in Rücksicht auf die Größe der Location.

18- Pitch the »bomb«

Komplexität:

3 von 10

Spielumgebung:

offene Flächen wie Wiesen mit Deckungen oder
Schottergruben

Benötigt:

ab 4 Spieler nur mit der Sidearm »bewaffnet«
1 »Bombenattrappe«

Spielinhalt:

> Lege in die Spielfeldmitte die Attrappe.
> Teile die Spieler in zwei Teams auf.
> Jedes Team soll sich darum bemühen, die Attrappe zu erobern und in den fremden Respawn zu bringen.
> Den Spielern ist es freigestellt die Attrappe zu tragen und/oder zu werfen.

Achtung:

Wird der Flaggenträger getroffen, hat er die Attrappe
an Ort und Stelle liegen zu lassen und sich in den
Respawn zu begeben. Es ist untersagt, die Attrappe
nach einem Treffer zu bewegen und/oder zu werfen!

Spielziel:

Es gewinnt das Team, das die Bombenattrappe in den
gegnerischen Respawn bringt.

Anmerkung für den Spielleiter:

Gute Werfer können sich hervortun. Ein gezielter Wurf in den Respawn ist gültig! Achte darauf, die Attrappe schwer, jedoch nicht zu schwer ausfallen zu lassen.

19 - eingekesselt

Komplexität:
1 von 10

Spielumgebung:
Wald, Wiese, Schottergrube, Häuser

Benötigt:
ab 4 Spieler

Spielinhalt:

> ➢ Teile die Spieler in zwei Teams auf.
> ➢ Biete einem Team drei Möglichkeiten für eine Base an, die sie zu verteidigen haben.
> ➢ Schicke sie zu der gewählten Stelle.
> ➢ Schicke 5 Minuten später die Angreifer los. Ihre Aufgabe ist es, die Base zu erobern.
> ➢ Jeder Hit ist ein Treffer. Pro Spieler gibt es ein Leben.

Spielziel:
Eroberung der Base.

Anmerkung für den Spielleiter:
Diese klassische »Eroberungsvariante« eignet sich für Neulinge ebenso wie für kurzweiligen Spielspaß zwischendurch.

Variante:
Finden sich mindestens 3 MGs unter den Spielern, teile

diese Spieler zur Verteidigung der Base ein. Achte
darauf, dass Scharfschützen zu den Angreifern
kommen.

Erlaube den Verteidigern, die Base besser auszubauen.
Stelle ihnen beispielsweise gefüllte Sandsäcke zur
Verfügung! Umso besser die Base aufgestellt ist, desto
stärker verändere das Spielerverhältnis.
Gib den Angreifern mehrere Leben, wenn die
Verteidiger ihre Base massiv verstärken konnten.

20 – the camp

Komplexität:

   3 von 10

Spielumgebung:

   Wald, Wiese, Häuser, Schottergrube, ...

Benötigt:

   Ab 10 Spieler

   pro »Camp« eine Markierung (Flagge, Stock mit farbigem
   Band, ...)

Spielinhalt:

- Verteile auf beiden Seiten die gleiche Anzahl von »Camps«. Achte darauf, dass die »Camps« möglichst weit von den Respawns entfernt sind!
- Teile die Spieler in zwei Teams auf, informiere sie über ihre eigenen »Camps«!
- Aufgabe der Spieler ist es, die »Camps« einzunehmen und sie zu halten. Die Anzahl der Spieler im Camp beschränkt sich auf **eine** Person!
- Für Spieler gibt es keine Respawnzeit!

Spielziel:

   Wer zuerst alle gegnerischen Camps eingenommen hat, gewinnt.

Anmerkung für den Spielleiter:

   Platzierst du die »Camps« zu nahe am Respawn ist es

sinnvoll, den Spielern eine Respawnzeit zu geben.
Begrenze die Spielzeit auf 10 – 30 Minuten – je nach Größe
des Spielgeländes.

Variante:

Ermögliche den Spielern die »Camps« zu deaktivieren.
Gib ihnen »Sprengfallenattrappen« mit, die sie in den
»Camps« platzieren.

21 – King of the Hill!

Komplexität:
2 von 10

Spielumgebung:
Wiese, Schottergrube oder generell Gelände mit einer Anhöhe, Hügel oder Ähnlichem

Benötigt:
ab 4 Spieler

Spielinhalt:

> Teile die Spieler in 2 Teams auf.
> Wer den Hügel zuerst erreicht, besetzt und verteidigt ihn im Anschluss gegen das andere Team.
> Jeder Spieler erhält 2 Leben!

Spielziel:
Wer nach Ablauf von 30 Minuten den Hügel in seinem Besitz hat, gewinnt.

Anmerkung für den Spielleiter:
Optimal eignet sich für diesen Spielmodus eine Schottergrube! Durch die Abbauarbeiten verändert sich oftmals das Terrain und bietet damit abwechslungsreiche Spielmöglichkeiten.

Variante:
Teile die Spieler in 4 oder mehr Teams ein. Gib ihnen

unterschiedliche Respawn und lass sie diese durch das Los bestimmen. Achte darauf, dass die Respawns unterschiedliche Entfernungen zum Hügel aufweisen. Jedes Team bestimmt einen »Pointman« mit einem Leben. Solange dieser im Spiel ist, hat jedes Mitglied (außer dem »Pointman«) unbegrenzt viele Leben. Ist der »Pointman« getroffen, hat jeder Spieler dieses Teams sein letztes Leben!

[45]

22 – Bomb the base

Komplexität:
3 von 10

Spielumgebung:
Wiese, Schottergrube

Benötigt:
ab 6 Spieler
1 Wecker

Spielinhalt:

➢ Teile die Spieler in 2 Teams.
➢ *Angreifer:*
   Gib diesem Team den Wecker und die Aufgabe, einen
   von mehreren möglichen Punkten mit Hilfe des
   Weckers zu sprengen.

   Verteidiger:
   Sie sollen den Plan der Angreifer vereiteln.
➢ Bevor du die Teams in ihre Respawn schickst, gib ihnen
   die Informationen, um welche Punkte es sich handelt.
   Gib ihnen ein paar Minuten Planungszeit!
➢ Schick das Verteidigerteam in das Spielgelände, um sich
   zu positionieren.
➢ Nach weiteren 3 Minuten erhält das Angreiferteam die
   Startfreigabe!
➢ Schafft das Angreiferteam es zu einem der Punkte,
   platziert es den Wecker. Der Countdown beträgt 5

Minuten! Innerhalb dieser Zeit dürfen die Verteidiger die »Weckerbombe« entschärfen!

➢ Klingelt der Wecker, ist die »Weckerbombe« explodiert!

Spielziel:

Das Angreiferteam gewinnt, wenn es einen von drei möglichen Punkten sprengt!

Anmerkung für den Spielleiter:

Jeder Spieler erhält ein Leben! Ist der Weckerträger getroffen, hat er den Wecker auf den Boden zu legen und den Respawn aufzusuchen. Verteidiger dürfen den Wecker aufnehmen und in ihren Respawn bringen. In diesem Fall hat die Verteidigung automatisch gewonnen!

Variante:

Verteile zusätzliche Wecker auf dem Gelände. Stelle sie auf unterschiedliche Zeiten ein.

Jeder Wecker, der läutet stellt eine hochgegangene Bombe dar und schickt alle Spieler im 3 m Radius in den Respawn. Einer der „Getroffenen" nimmt die „Bombe" mit.

Ist in diesem Moment niemand bei der „Wecker-Bombe", bleibt das nähere Umfeld (5 m Radius) kontaminiert. Wer sich darin aufhält, egal wie kurz, verliert ebenso sein Leben. Spielst du in Räumen, gilt die „Weckerbombe" für den gesamten Raum – egal wie groß dieser ist!

23 –Oh Bombe!

Komplexität:
2 von 10

Spielumgebung:
Häuser, Gelände mit ausreichend Deckungsmöglichkeiten

Benötigt:
ab 6 Spieler
1 Bombenattrappe
1 Schaltplan

Spielinhalt:

> Platziere die »Weckerbombe« an einem beliebigen Platz des Spielgeländes. Achte darauf, dass die Spieler den Wecker hören, sofern sie ihn nicht vorab finden. Achte darauf, dass kein Spieler mitbekommt, wo die Attrappe liegt!
> Verstecke den Schaltplan separiert am Gelände.
> Teile die Spieler in 2 Teams.
> *Team 1:*
>   Hat die Bombenattrappe zu entschärfen
> *Team 2:*
>   Bringt die Bombenattrappe zum Detonieren
> Zuerst ist die Bombenattrappe zu finden. Diese lässt sich nicht vom Platz bewegen!
> Entweder sie probieren auf gut Glück aus – das birgt das Risiko, die falsche Entscheidung zu treffen! Oder sie

suchen den Schaltplan, von dem sie in diesem Moment erfahren!

➢ Dem Team ist es erlaubt sich aufzuteilen, sodass ein Teil bei der Bombenattrappe zur Verteidigung verbleibt!

Spielziel:

Jenes Team gewinnt, dessen Aufgabe erfüllt wird – egal durch wen!

Anmerkung für den Spielleiter:

Für diesen Modus benötigst du eine Bombenattrappe, die über 4 verschiedene Zustände verfügt:

- ○ *Normal*
- ○ *Neutral*
- ○ *Entschärft*
- ○ *»detoniert«*

Entscheiden sich die Spieler auf »gut Glück« die Bombe zu entschärfen und sie detoniert, gewinnt das gegnerische Team automatisch – und umgekehrt!

24 - S.W.A.T.

Komplexität:

4 von 10

Spielumgebung:

großes Haus mit 2 – 4 Zugängen - unabhängig voneinander betretbar

Benötigt:

ab 6 Spieler

Material für Barrikaden

1 „Tresor" zum Verstecken des Koffers

»Minen«

Koffer (optimal mit Zahlenschloss und der Möglichkeit, ihn am Handgelenk zu fixieren)

Kuvert

Schilder mit dem Wortlaut »SWAT«

Spielinhalt:

> Teile die Spieler in zwei Teams auf.
> *SWAT-Kommando*:
>> soll die Verbrecher festnehmen
>> *Spezialisten für Kunstraub*
>> wollen Wertvolles stehlen
>> Verteidigung des Koffers, bis er geöffnet ist
> Schicke die Spezialisten in das Haus vor. Sie dürfen sich darin mit allen vorhandenen Materialien („Minen,

Gerümpel, ...) verbarrikadieren. Gleichzeitig sollen sie den Tresor mit dem Koffer finden!

➤ Schicke nach 5 Minuten das SWAT-Kommando in das Gebäude.

➤ Einer der Spezialisten versucht, den Koffer zu öffnen. Seine Teammember schirmen ihn vor Angriff des SWAT-Kommandos ab. Ist der Koffer geöffnet, müssen sie fliehen.

➤ Gleichzeitig versucht das SWAT-Kommando, den Koffer oder zumindest den Inhalt des Koffers zu erlangen.

➤ Wird ein Spezialist getroffen, bleibt er außer Gefecht, bis ihn ein anderer Spezialist „heilt". Heilt ein SWAT-Kommando einen Spezialisten, gilt dieser als »festgenommen" und geht in das Gefängnis (der Respawn des SWAT-Kommandos).

Spielziel:

Es gewinnt jene Seite, die das Kuvert in den eigenen Respawn bringt!

Das SWAT-Kommando gelingt ebenfalls, wenn die Spezialisten das Kuvert nicht entwenden.

Anmerkung für den Spielleiter:

Hat der „Heiler" (Sekundentakt) bis 20 gezählt, ist der andere Spieler geheilt!

Variante:

Teile die Teams im Verhältnis 2 zu 1 auf, wobei das kleinere Team versucht, den Kofferinhalt zu stehlen.

25 – Samurai vs. Ninja

Komplexität:

9 von 10

Spielumgebung:

offene Flächen, Häuser, Hallen

Besonderheit

Dämmerung oder Nacht

Benötigt:

abgedunkelte Spiellocation oder Nachtstunden

2 Teams im Verhältnis 2 zu 1

ab 3 Spieler auf Team aufgeteilt

Gummimesser, Latexschwerte, ...

1 Karte der Spielfläche

Flaggen oder hohe Stöcke

Spielinhalt:

➤ Bildet zwei Teams im Verhältnis 2 zu 1 – auf 2 Ninja kommt 1 Samurai!

➤ *Angreifer/Samurai:*

bewaffnet mit Airsoftmarkierern

Eroberung vorab festgelegter Punkte/Positionen

Verteidiger/Ninja:

bewaffnet mit Gummimesser, Latexschwerte, ...

-> KEINE Markierer

Verteidigung vorab festgelegter Punkte/Positionen

Spielziel:

Eroberung vorab festgelegter Punkte/Positionen oder Eliminierung der gegnerischen Seite

Anmerkung für den Spielleiter:

Die Schwierigkeit dieses Spielmodus besteht in der eingeschränkten Sicht! Gleichzeitig birgt exakt dieser Umstand den Reiz!

Wartet bis zur Dämmerung oder bis die Nacht einbricht. Alternativ reicht es aus, eine Halle abzudunkeln! Wichtig beim Spielmodus „Samurai vs. Ninja" ist eine abgedunkelte Spiellocation!

Festlegung der Punkte:

Wähle ein paar Punkte der Spiellocation aus, die die Samurai zu erobern haben. Markiere diese Punkte auf einer Karte und gib den Spielern diese Positionen bekannt. Gut eignet sich die Markierung der Positionen durch unbewegliche Flaggen oder hohe Stöcke.

Achtung:

Besprich vorab mit den Spielern die Hit-Regelung! Bedenke, dass Ninja keine Markierer bei sich tragen – sondern im »Nahkampf« agieren!

Variante:

Statt vorab festgelegter Punkte/Positionen funktioniert der Spielmodus ebenfalls mit der Befreiung des „Shogun" oder der „Eroberung eines Artefaktes".

26 – Zombies!!!

Komplexität:

9 von 10

Spielumgebung:

offene Flächen, Häuser, Hallen

Besonderheit

Dämmerung oder Nacht

Benötigt:

Ab 4 Spielern aufwärts

pro Hunter einen Zettel mit einer Aufgabe

Spielinhalt:

➤ Bildet zwei Teams!

➤ *Hunter:*

Erhalten von der Spielleitung Aufträge

ausgehändigt, die zu erfüllen sind.

Zombies

passen Hunter ab und wandeln sie zu

Ihresgleichen

➤ Schicke die Zombies auf das Spielgelände um sich ein
Versteck zu suchen.

➤ Gib den Huntern die Aufgabenzettel. Lass sie sie lesen
und erläutere bei Bedarf!

➤ Schicke nach 5 – 10 Minuten die Hunter auf das
Spielfeld, um ihre Aufgaben zu erfüllen.

- Unterwegs zu ihren Aufgaben warten die Zombies! Berührt sie ein Zombie, haben die Hunter ihre Markierer wegzustecken – sie sind ab diesem Moment ebenfalls Zombies!
- Wird ein Zombie getroffen, bewegt er sich für 30 Sekunden nicht mehr. In diesem Zustand darf er nicht angreifen und nicht angegriffen werden.

Spielziel:

Erfüllung der Aufgaben durch die Hunter oder die Verwandlung der Hunter in Zombies!

Anmerkung für den Spielleiter:

Gib den Huntern gleich zu Beginn der Mission unterschiedliche Aufträge. Diese sind zu erledigen!
Auf dem Weg zur Aufgabe müssen sie sich durch dunkle Areale und Bereiche bewegen – jederzeit dem Risiko ausgesetzt, von Zombies attackiert zu werden. Wird ein Zombie getroffen, darf er sich die nächsten 30 Sekunden nur auf allen Vieren kriechend vorwärts bewegen oder sich nicht mehr bewegen.
In diesem Zustand darf er nicht mehr angegriffen werden.

Hunter, von Zombies berührt, verwandeln sich sofort in einen Zombie und wechseln somit die Seite!
Die Schwierigkeit dieses Spielmodus besteht in der eingeschränkten Sicht! Gleichzeitig birgt exakt dieser Umstand den Reiz!

Wartet bis zur Dämmerung oder bis die Nacht einbricht.

Alternativ reicht es aus, eine Halle abzudunkeln!
Wichtig ist beim Spielmodus „Zombies!!!" eine
abgedunkelte Spiellocation!

Festlegung der Aufträge:

Bereite Aufträge nach Wahl vor, variiere sie von Spiel
zu Spiel, das gibt dem Ganzen mehr Spielspaß!

Achtung:

Besprich vorab mit den Spielern die Hit-Regelung!
Bedenke, dass Zombies keine Markierer verwenden –
sondern im »Nahkampf« agieren!

27 – Simon sagt ...

Komplexität:
5 von 10

Spielumgebung:
Wiese, Wald, Schottergrube, Häuser, Halle, ...

Benötigt:
ab 4 Spieler
die gestellten Aufgaben bestimmen das benötigte Material
Funkgeräte

Spielinhalt:

> ➤ Wähle einen Spieler zum »Anführer«, der die Kommandos geben soll.
> ➤ Die Spieler haben sich hinter den »Anführer« zu positionieren. Der »Anführer« gibt die Kommandos nach Belieben.
>
> ### Aufgaben/Kommando:
> -> Nachladen binnen kurzer Zeit
> -> Anschlagpositionen verändern
> -> Feuer abgeben (Einzelschuss oder Dauerfeuer)
> -> Deckungsarten
> -> Handzeichen nachmachen
> -> vorwärts – Sprung – Deckung
>
> ➤ Die Kommandos sind auszuführen, wenn der »Anführer« die Worte »Simon sagt ...« voran setzt.

➢ Wer ein Kommando ausführt, **ohne** dass die Worte
»Simon sagt ...« voranstehen, scheidet aus.
Wer ein falsches Kommando ausführt, scheidet aus.
➢ Wer ein Kommando nicht ausführt, scheidet aus.
➢ Besteht technisches Gebrechen oder kann der Spieler
aus anderen Gründen das Kommando nicht ausführen,
ist der Bewegungsablauf bestmöglich zu simulieren. In
diesem Fall bleibt er im Rennen.

Spielziel:

Der letzte Spieler, der sich im Game befindet, gewinnt. Der
»Anführer« ist somit eine Person außerhalb des
»Überlebensradius«.

Anmerkung für den Spielleiter:

Achte darauf, dem ernannten »Anführer« die Kommandos
vor dem Spiel zu erklären. Gib ihm die Möglichkeit,
weitere Kommandos nach Belieben zu verwenden.

Empfehlung:

Dieser Spielmodus eignet sich hervorragend, um ein
Team allgemein aufeinander einzustimmen und um
Kommandos einzuüben!

Variante:

Der »Anführer« steht den Spielern gegenüber und sieht
sie an. Er macht die Bewegungen nicht mit, sondern
gibt lediglich die Kommandos.

28 – Kämpfe wie ein Feldherr!

Komplexität:

5 von 10

Spielumgebung:

Wald, Wiese, Schottergrube, ...

Benötigt:

Ab 10 Spieler

Spielinhalt:

> ➢ Teile die Spieler in zwei Teams auf
> ➢ Lass die Spieler auf jeder Seite in zwei Reihen antreten.
> ➢ Es folgt der Kampf im Stil klassischer Armeen:
>> -> Reihe 1 kniet, Reihe 2 lädt eine einzelne BB
>> -> Reihe 1 schießt!
>> -> Reihe 2 rückt vor!
>> -> Reihe 2 kniet, Reihe 1 lädt einzelne BB
> ➢ Getroffene Spieler verlassen das Spielgelände.

Spielziel:

Die Seite gewinnt, die über Spieler verfügt!

Anmerkung für den Spielleiter:

In diesem Spiel geht es um Genauigkeit und nicht um Tempo! Achte darauf, ein übersichtliches Gelände zu wählen, du gibst das Kommando der Schüsse vor.

Schießen Spieler vor deinem Kommando, sind diese zu

disqualifizieren!
In diesem Spielmodus gibt es keine MGs und keine reinen Dauerfeuer-Markierer. Verschärfbar ist dieser Modus, wenn du nur Sidearms zulässt.

29 – »Football«

Komplexität:
6 von 10

Spielumgebung:
Wald, Wiese, Häuser, Halle, eher offenere Flächen – geeignet für »Speedgames«

Benötigt:
ab 8 – 10 Spieler
etwas, das die Tore markiert (Stöcke mit knalligen Bändern, Flaggen, ...)
1 American Football oder klassischer Fußball

Spielinhalt:

➢ Teile das Spielfeld in 4 annähernd gleich große Zonen auf.

➢ Platziere die Tore vor die Respawn, achte auf eine passende Größe (je nach Spielgelände 5-20 m)!

➢ Leg den Ball in die Mitte des Spielfeldes.

➢ Ballregeln:

   Ball aufnehmen:
   Würfe gelten nach hinten oder seitwärts
   Bälle treten:
   gestattet in jede Richtung

➢ Spieler, die den Ball tragen und Treffer erhalten, lassen den Ball sofort fallen. Ihr Respawn dauert 20 Sekunden.

Alle Spieler ohne Ball dürfen sofort zurück in das
Spielgeschehen!

Spielziel:
Wie im »American Football« hat der Ball über die
gegnerische Torlinie zu gelangen!

Anmerkung für den Spielleiter:
Jeder Spieler verfügt über 2 Leben!

Dieser Spielmodus lehnt sich leicht an die Regeln des
»American Football« an. Sofern du die Regeln beherrschst
und sie den Spielern vermitteln kannst, darfst du diesen
Spielmodus entsprechend verschärfen!

Dieser Spielmodus bietet sich für humorvolle Einlagen in
Gestalt von „Cheerleadern" an. Organisiere typische
Cheerleader- Pompons und lass jeden Spieler im Respawn
für ein neues Leben die Pompons schwingen und eine
spontane und/oder kreative Anfeuerung wie ein
Cheerleader rufen.
Akrobatische Übungen ergeben aufgrund der typischen
Airsoftausrüstung wenig bis gar keinen Sinn.

Trauen sich diese „Cheerleader" mit den Pompons auf das
Spielfeld und verhalten sie sich wie „Cheerleader" dürfen
sie drei Spielern ihres Teams Extraleben bringen. Es ist
untersagt, auf die „Cheerleader" zu schießen!

30 – Überlebe – survive the game

Komplexität:

8 von 10

Spielumgebung:

Wiese, Wald, Häuser

Benötigt:

6 – 15 Spieler

3 unterschiedliche Schleifenfarben

Spielinhalt:

➢ 1 Einzelspieler meldet sich freiwillig!

➢ *Läufer*: 1-3 Spieler

restliche Spieler:

> *Polizei*: 2 / 3 der restlichen Spieler
>
> *Jäger*: 1 / 3 der restlichen Spieler

➢ Die Läufer verstecken sich auf dem Gelände. Ihre Aufgabe besteht darin, ihre Verfolger auszuschalten. Sie dürfen sich verteidigen, jedoch nicht angreifen!

➢ Zuerst beginnen die Jäger die Läufer zu suchen und zu jagen.

➢ 15 Minuten später betreten die Polizeispieler das Spielfeld. Ab diesem Moment sind die Jäger die Flüchtigen.

➢ Stoßen die Läufer auf Polizisten, sind sie raus. Die Polizisten »retten« damit die Läufer und jagen gleichzeitig die Jäger.

Spielziel:

Die Läufer haben 1 Stunde Zeit zu überleben.

Anmerkung für den Spielleiter:

Jeder getroffene Spieler verlässt nach einem Treffer das Spielgelände. Es existiert kein Respawn, jeder verfügt über **ein** Leben.

Empfehlung:

Informiere die Spieler ausreichend über die jeweiligen Aufgaben:

- *Läufer*:
  Verstecken, Jäger ausschalten, Polizisten helfen und retten sie
- *Jäger*:
  Gejagt von den Polizisten
  Auf der Suche nach Läufern
- *Polizisten*:
  Retten Läufer und eliminieren Jäger

Variante:

Variiere die Spielzeit und lasse die Spieler im Game, bis sämtliche Jäger aus dem Spiel sind.

31 – Kopfgeldjäger

Komplexität:

4 von 10

Spielumgebung:

Wald, Wiese, Halle, Häuser

Benötigt:

ab 7 Spieler

60 kleinere Zettel, auf jedem Zettel eine Zahl von 1 – 20

(es soll von jeder Zahl 3 Zettel geben)

Behälter zum Zettelziehen

Spielinhalt:

➢ Wähle 1 Assistenten und postiere diesen im Respawn. Aufgabe des Assistenten ist die korrekte Notiz der Punkte.

➢ Wähle mehrere Spieler und lass diese Personen die Zettel ziehen, bis sich keiner mehr im Behälter findet. Damit ausgestattet, verstecken sich diese Zielpersonen auf dem Gelände.

➢ 5 Minuten später folgen die anderen Spieler.

➢ Entdeckt und trifft ein Spieler eine Zielperson, gilt dies als Hit. Er erhält von der Zielperson einen Zettel und bringt diesen Zettel zum Assistent des Spielleiters.

➢ Spielern ist es gestattet, Jagd auf andere Spieler mit den Zetteln zu machen und ihnen diese Zettel abzunehmen.

> Hat eine Zielperson keinen Zettel mehr, verlässt er das
> Spielfeld!

Spielziel:
Der Spieler mit der höchsten Punktezahl gewinnt.

Anmerkung für den Spielleiter:
Es gibt keine Respawnzeit. Jeder Spieler, der den Respawn
betritt, verlässt ihn sofort wieder.

Variante:
Erlaube den Zielpersonen sich zu wehren. Trifft eine
Zielperson einen Spieler, hat dieser für 30 Sekunden
beim Assistenten auszuharren.

Lass die Zielpersonen wellenweise starten. Du
benötigst für diese Variante eine kräftige Tröte. Bei
jedem Trötenstoß tritt eine Zielperson in das
Spielgeschehen ein.

Gib jeder Zielperson ein Tarnnetz mit, das sie ablegt,
sobald sie „ihr" Trötensymbol erklingen hören. Das
Tarnnetz sammelst du im Anschluss an das Spiel ein.
Statt der Tröte bietet sich für jede Zielperson ein Timer
an. Stell sie auf unterschiedliche Zeitangaben ein.
Mit Ablauf der Timerzeit beginnt für sie das Spiel.

32 – Panzer!

Komplexität:

5 von 10

Spielumgebung:

Wiese, Schottergrube, Areal mit Häusern

Benötigt:

ab 6 Spieler

1 Panzermodell aus Pappmache oder Karton, mit
mehreren Zielscheiben

1 Karte mit 6 Punkten

Spielinhalt:

➢ Teile die Spieler in 2 Teams auf.

➢ *Team Panzer:*

Sie bemannen den Panzer. Für sie gilt primär der
Schutz des Panzers.

Angreifer:

Eliminierung des Panzers

➢ Das Panzerteam erhält die Karte mit den markierten
Punkten. Punkt A ist ihr Startpunkt und Respawn. Ihr
Weg ist anhand der Punkte auf der Karte vorgegeben!

➢ Das Angreiferteam erhält die Aufgabe, sämtliche
Zielscheiben am Panzer zu eliminieren und ihn damit
»fahruntüchtig« zu machen.

Spielziel:

Der Spielmodus endet, wenn der Panzer am Ziel angelangt ist oder die Angreifer den Panzer eliminieren konnten.

Anmerkung für den Spielleiter:

Als Panzerattrappe reicht eine Hülle aus, die optisch einem Panzer rudimentär ähnelt. Darauf angebrachte Aluminiumfolien stellen die Zielscheiben dar. Mit einem Treffer auf die letzte Zielscheibe endet der Spielmodus positiv für die Angreifer.

Fixiere auf der Karte eine Reihenfolge an Punkten. Gut eignen sich durchschnittlich 6 Stück. Umso größer das Gelände, desto mehr Punkte darf die Karte aufweisen. Der Panzer hat sämtliche Punkte anzufahren:
Startpunkt A – weiter nach B – weiter nach C, D, E, ...
Lege die Punkte im Zickzackmuster an. Der letzte Punkt ist in der Nähe des Respawn des Angreiferteams.

Variante:

An jeder Station ist eine Aufgabe zu bewältigen, bevor der Panzer weiterfahren darf. In diesem Fall verändert sich der Respawn des Panzerteams. Erreicht der Panzer Punkt B und die Aufgabe positiv abgeschlossen, ist der neue Respawn Punkt B. Dem Panzerteam ist es erlaubt eine Aufgabe auszuschlagen, in diesem Fall bleibt der Respawn an der vorherigen Stelle.

33 – ausgelost!

Komplexität:

5 von 10

Spielumgebung:

Wiese, Schottergrube, Halle, Häuser

Benötigt:

ab 6 Spieler

pro Spieler 1 Stift und 1 kleiner Zettel

Behälter für die Zettel

1 Assistent oder Helfer in der Safezone

Spielinhalt:

➢ Lasse jeden Spieler einen Zettel ziehen. Auf dem Zettel steht das Team des Spielers in dieser Runde! Sie haben ihr Team vorerst für sich zu behalten!
   Dein Helfer notiert, wer zu welchem Team gehört!

➢ Sammle im Anschluss die Zettel wieder ein und gib ihnen die Parolen bekannt:
   Team A –> Parole Angriff
   Team B -> Parole Schutz

➢ Die Spieler verteilen sich nach Gutdünken quer auf dem Spielgelände. Es gibt keinen konkreten Startpunkt!

➢ *Aufgabestellung 1:*
   Finde heraus, welcher Spieler zu deinem Team gehört!

Aufgabestellung 2:

    Eliminierung des gegnerischen Teams!

➤ Es obliegt den Spielern, wie sie an die Parolen der anderen gelangen. Spieler des gleichen Teams schließen sich zusammen. Spieler des gegnerischen Teams eröffnen das Feuer aufeinander. Wer zuerst getroffen wird, verlässt das Spielfeld. Wichtig ist in diesem Fall die Einhaltung der Hit-Regel!

➤ Gefragte Spieler, die dem gegnerischen Team angehören, müssen nicht antworten, sondern dürfen gleich den Frager »HITen«!

Spielziel:

Auf dem Gelände finden sich lediglich Member von Team A oder Team B.

Anmerkung für den Spielleiter:

Beschrifte die Zettel zur Hälfte mit Team A und Team B oder mit 2 verschiedenen Teamnamen (Adler und Falke, Fuchs und Henne, Korea und Vietnam, USA und UDSSR, ...).

Falte sie zusammen und gib sie in den Behälter.

Gleiches gilt für die Parolen Angriff und Schutz. Wähle auf Wunsch andere Begriffe. Wichtig ist Merkbarkeit und kurze Silbenanzahl!

Wie finden die Spieler heraus, wer zusammen gehört?

○ Fragen und auf das Beste hoffen
○ Aus dem Hinterhalt einem anderen den Markierer in den Rücken halten und fragen

[70]

- Warten, bis andere Spieler in der Nähe sind und ihnen zuhören
- Kreative, eigene Lösungen

Dein Helfer in der Safezone wartet auf die rausgeschossenen Spieler. Sind alle Spieler eines Teams aus dem Game in der Safezone, gibt er das Zeichen für das Spielende.

Variante:

Es gibt keinen Respawn, die Spieler verfügen über unendlich viele Leben. Bei jedem Treffer suchen sie erneut die Safezone auf und ziehen ein neues Los. Dein Helfer notiert den aktuellen Stand!

Gewinner ist nach Ablauf einer bestimmten Zeit das Team mit den meisten Spielern am Feld! In diesem Fall ist eine fixe 50:50 Aufteilung der Spieler **NICHT** länger gegeben!

Stehen dir ausreichend Spieler zur Verfügung, besteht die Option auf Team 3.
Dieses Team erhält eine Airsoft-Handgranate. Wer von einer Airsoft-Handgranate getroffen wird, hat sein letztes Leben verwirkt und darf kein weiteres Los ziehen.

SZENARIEN

Warst du bereits Teilnehmer einer MilSim?

Gern gespielte Themen bei MilSims sind Rettungsmissionen, Bombenentschärfungen oder Eliminierung gegnerischer Machthaber. Die Dauer variiert von einigen Stunden bis zu mehreren Tagen.

MilSims orientieren sich an realen Geschehnissen und tatsächlichen militärischen Aufträgen. Dies bedeutet nicht, die Spieler in Gefahr zu bringen – sondern ihnen ein Gefühl für reale Einsätze zu vermitteln! Hier dürfen sich Spieler wie »echte Militärs« fühlen ohne den Gefahren derselben ausgesetzt zu sein.

MilSims beinhalten im Regelfall konkret vorgegebene Szenarien. Im Gegensatz zu reinen »Speedgame«-Spielmodi sind sie komplexer und beinhalten Gegenspieler realer oder fiktiver Nationen!

Szenarien sind austauschbar!

o Atomkraftwerke findest du nicht nur in Tschernobyl!
o Entführerszenarien passen ebenso gut nach Afghanistan wie in philippinische Gewässer.
o Versteckte Piratenschätze findest du in der Karibik – oder im hohen Norden wie den Nibelungenschatz!

Gefällt dir ein Szenario nicht, verändere es. Wähle eine alternative Welt, ein fiktives Land oder ein alternatives

[72]

»Terrorziel«! Achte lediglich darauf, dass es in sich harmoniert!

- o Du bist der Herr deiner Welt!
- o Du bist der Schöpfer!
- o Du erzählst die Geschichte!

Wie gute Autoren wissen, kommt es nicht nur auf die Geschichte an, sondern ebenso auf den Hintergrund. Ein gut gewähltes Szenario ist ebenso essentiell, wie benötigtes Equipment.

Damit erschaffst du einen Hintergrund, vor dem die Spieler agieren, in den sie sich hineinversetzen und der ihnen einen roten Faden vorgibt.

Sei dir dessen bewusst, du gibst ihnen zwar das Werkzeug in die Hand, der Held ihrer eigenen Geschichte sind sie selber.

Welche Szenarien sind für deine Spieler interessant?
Hast du sie schon einmal gefragt?

Du wirst erstaunt erkennen, wie unterschiedlich die Ideen und welche Kreativität in Airsoftspielern steckt.

34 – Radioaktiv

Komplexität:
5 von 10

Spielumgebung:
Wiese, Wald, Schottergrube, Häuser, Halle, ...

Benötigt:
ab 6 Spieler
Koffer mit Dokumenten
pro Spieler 1 – 2 kleinere Kartons mit Sand gefüllt
Mullbinden nach Bedarf

Szenario:
Russland – in ein paar Jahren:
Die Regierung plant die Stilllegung eines Kraftwerkes.
Davon erfuhr eine Handvoll Terroristen, die plant,
waffenfähiges Plutonium aus dem Kraftwerk zu stehlen.
Sie warten die Vorbereitungsphase ab und greifen bei der
Verladephase an.

Spielinhalt:

> Teile die Spieler auf 3 Teams auf.
>> *Team 1: Wachen des Atomkraftwerk*
>>> Sie überwachen den Gebäudekomplex, das
>>> Plutonium und beschützen wichtige Unterlagen
>>> zum russischen Atomprogramm.
>>> Gelingt die Entwendung des Plutoniums beteiligen

sich die Wächter bei der Suchaktion und
unterstützen die Soldaten.

Team 2: Terroristen

Gut ausgebildete Söldner, die für Geld die eigene
Großmutter verkaufen würden. Ihre Aufgabe
besteht darin, Plutonium und Unterlagen zu
stehlen. Befindet sich beides in ihrem Besitz,
schlagen sie sich zur Abholzone zurück.

Team 3: Soldaten:

Diese sollen Plutonium und Unterlagen abholen.
Haben die Soldaten Plutonium und Unterlagen,
begleiten die Wachleute die Soldaten zum
Ausgangspunkt.

➤ Plutonium und Dokumente befinden sich in der Mitte
des Spielfeldes.

➤ Schick die Wachen los!

➤ 1 Minute später starten Terroristen und Soldaten von
der gegenüberliegenden Seite des Spielfeldes.

➤ Plutonium und Dokumentenkoffermüssen getragen
werden – werfen ist verboten! Wird der Träger
getroffen, lässt er beides fallen.

Spielziel:

Soldaten und Wachen gewinnen, wenn sie beides in
Sicherheit gebracht haben.

Terroristen gewinnen, wenn sich Plutonium und
Dokumente in ihrem Respawn befinden.

Du kannst die Kartons mit allem Möglichen füllen, vorausgesetzt sie erhalten damit Gewicht.

- Soldaten haben keinen Sanitäter, dürfen jedoch auf die Sanitäter der Wachen zugreifen.
- Wachen können einen Sanitäter haben, das entscheidet die Gruppe selbst. Entscheiden sie sich für einen Sanitäter, dann darf dieser die Soldaten bei Bedarf (mit)versorgen.
- Terroristen verfügen über exzellente Ausbildung, daher hat jeder zwei Mullbinden dabei. Damit darf er sich oder einen anderen Spieler »verarzten«. Die »Heilphase« dauert, bis die Mullbinde vollends umwickelt ist.

Variante:

Leg die Dokumente in den Koffer und pack das Plutonium in eine schwere Truhe, die nur zu zweit getragen werden kann.

35 – Schnitzeljagd auf den Piratenschatz!

Komplexität:
8 von 10

Spielumgebung:
Wald – das Gelände hat ausreichend groß zu sein

Benötigt:
ab 4 Spieler
1 Schatztruhe im alten Piratenstyle
1 Schatzkarte
mehrere Hinweise für das Finden der Schatzkarte
2x Block und Schreibzeug

Szenario:
Karibik:
Schatzsucher erhielten die Information über einen ungeborgenen Piratenschatz. Daran interessiert begeben sie sich auf die Suche, ohne anfangs zu erkennen, sie sind nicht die Einzigen! Die Zeit drängt!

Spielinhalt:

> Verstecke die Schatztruhe auf dem Spielgelände und tarne sie mit einer dünnen Erdschicht.

➤ Suche einen passenden Platz, um die Schatzkarte zu verbergen. Baue Hinweise im Stil einer Schnitzeljagd auf.
➤ Teile die Spieler in 2 Teams auf.
➤ Teile den Spielern das erste Rätsel mit. Gib den Spielern jeweils einen Schreibblock und dazu gehöriges Schreibzeug.
➤ Die Spieler benötigen Zeit, um die Rätsel zu lösen. Schicke sie in den Respawn und warte 5 Minuten, bis zur Startfreigabe.
➤ Die aufgefundene Schatztruhe müssen die Spieler in den eigenen Respawn bringen.
➤ Wer die Truhe trägt, darf keine Markierer verwenden! Bei einem Treffer hat der Träger die Truhe auf den Boden zu stellen und den Respawn aufzusuchen.

Spielziel:

Es gewinnt das Team, das die Schatztruhe in den eigenen Respawn bringt.

Anmerkung für den Spielleiter:

Pass die den Schwierigkeitsgrad und die Anzahl der Rätsel an die Spieler an. Die Rätsel führen die Spieler an den Platz mit dem Folgerätsel.

Variante:

Die Spieler dürfen gegnerische Spieler »gefangennehmen« und Informationen über den gegnerischen Stand erfragen.

36 – Save the President!

Komplexität:
3 von 10

Spielumgebung:
Wald, Wiese, Schottergrube, Häuser, Hallen

Benötigt:
ab 8 Spieler

Szenario:

Afghanistan vor ein paar Jahren:
Eine Gruppe unter der Führung eines Warlords erfahren von der Diplomatenreise eines Präsidenten. Der Warlord erkennt dessen Gefangennahme als hohes Druckmittel. Sie schießen das Flugzeug ab, woraufhin es eine Notlandung hinlegt. Der Präsident und seine Bodyguards überleben, sind jedoch gezwungen, sich in Sicherheit zu bringen.

Spielinhalt:

➢ Lass ein Los entscheiden, wer die Rolle des »Präsidenten« übernimmt. Dieser Spieler stellt sich an deine Seite. Ihm ist die Nutzung von Markierern untersagt!

➢ Teile die restlichen Spieler in 2 Gruppen.
Bodyguards:
Sie schützen den Präsidenten und haben ihn an einen vorher bestimmten Ort zu schaffen.

> *Angreifer:*
>> Sie versuchen, den Präsidenten zu eliminieren, bevor er den sicheren Ort erreicht.
> Schicke die Angreifer in ihren Respawn.
> Der Präsident und seine Bodyguards starten von einem Punkt auf dem Spielfeld, um die Notlandung zu simulieren. Sie müssen sich zu einem vorab bekanntgegebenen Punkt durchschlagen!

Spielziel:

Der Präsident kommt lebend am vorgegebenen Punkt an!

Anmerkung für den Spielleiter:

Spieler mit russischen Airsoftmodellen kommen automatisch in die Gruppe der Angreifer.

Jeder Angreifer erhält 5 Leben, die Bodyguards und ihr Präsident **eines**.

Sofern du über ausreichend Spieler verfügst, kommen auf 1 Angreifer 4 Bodyguards. Ansonsten teile nach Ermessen auf!

Variante:

Statt Afghanistan kannst du einen Trupp Angreifer in das „Parlament" schicken. In diesem Fall dreht sich die Aufteilung um.

Der Gutteil der Spieler stellt Security-Personal. In dieser Variante verfügen alle über die gleiche Anzahl Leben.

Der Präsident erhält eine Waffe seiner Wahl, die für „Notfälle" im Parlament deponiert ist!

37 – Pilotenrettung

Komplexität:
2 von 10

Spielumgebung:
Wald, Wiese, Schottergrube, Häuser, Hallen

Benötigt:
ab 8 Spieler

Szenario:

Nigeria – vor ein paar Jahren:
Im Kriegsgebiet trifft eine Gruppe Kämpfer das Flugzeug einer Hilfsorganisation. Der Pilot rettet sich aus dem abgestürzten Flugzeug. Wie kommt er zurück in sicheres Gebiet?

Seine Kollegen überlebten den Absturz nicht. Der Pilot verfügt über keinerlei Bewaffnung, außer einer Sidearm und ein Extra-Magazin, die er seinem Kollegen abnimmt.

Die Missionare, denen er die Ladung bringen sollte, erwarten sein Eintreffen und schicken ein Rettungteam auf den Weg, nachdem sie vom Absturz erfahren haben! Bis dieses Team eintrifft, hat sich der Pilot primär zu verstecken!

Spielinhalt:

➢ Lass ein Los entscheiden, wer die Rolle des »Piloten« übernimmt.

- ➢ Schick den Piloten auf das Gelände und gib ihm 10 Minuten Zeit sich zu verstecken!
- ➢ Teile die Spieler in 2 Teams auf.
- ➢ *Rettungsteam:*
  Finden des Piloten und in den Respawn bringen.
  Team 2:
  Einheimische, die den Piloten einzufangen planen.

Spielziel:
Rettung des Piloten.

Anmerkung für den Spielleiter:
Jeder Spieler erhält 3 Leben. Ist der Pilot getroffen, ist das Spiel sofort zu Ende!

Variante:
In dieser Variante benötigt der Pilot ein Gummi- oder Latexmesser. Gib jedem Spieler einen Zettel mit. Diese Zettel stehen symbolisch für Extra-Munition.

Pro Zettel, den der Pilot ergattert, hat er ein Extra-Magazin zur Verfügung. Die Zettel erhält er, wenn es ihm gelingt einen Spieler des „Einheimischen-Teams" zu messern. In diesem Fall übergibt der Spieler den Zettel und holt sich im Respawn einen neuen für sein nächstes Leben.

38 – Little Princess

Komplexität:

10 von 10

Spielumgebung:

Wald, Wiese, Schottergrube, Häuser, Hallen

Benötigt:

Ab 4 Spieler

1 Frau oder jemand, der sich als Frau verkleidet

drei Beutel Mehl (simuliert die Drogen)

1 Zettel mit einer Botschaft des Drogenbaron

Szenario:

Mexiko – Kampf gegen das Drogenkartell:

Mitten in Mexiko macht die Entführung einer Studentin Schlagzeilen. Die Tochter eines hochrangigen »Drogenbarons« verschwand über Nacht und tauchte seither nicht mehr auf. Ein Trupp Kämpfer ist mit ihrer Rettung beauftragt, nachdem der Vater erste Lösegelderpressungen an den Vater erhält, schickt dieser seine besten Kämpfer!

Spielinhalt:

➤ Bring die Puppe oder den Spieler/die Darstellerin in das »Gefangenenlager« (den Respawn der Entführer). Stell »Little Princess« ein Plastikmesser zur Verfügung und gib ihr drei Beutel Mehl. Sie hat diese »Drogen« im näheren Umfeld zu verstecken!

[83]

➤ Teile die Spieler in 2 Teams auf.

➤ *Rettungsteam:*
  Planen die Befreiung der »Little Princess«.

  Entführer:
  Erpressen den Drogenbaron und halten dessen Tochter gefangen.

  sollen herausfinden, wo »Little Princess« die »Drogenbeutel« versteckt hat

➤ Im Zug des Spielgeschehens wagt »Little Princess« eigenständige Fluchtversuche. Das Entführerteam findet an seinem Respawn Seile vor, die sie ihr leicht umlegen dürfen, wodurch sie »fesseln« simulieren können.

  Ist sie allein im Respawn, zählt »Little Princess« jedes Mal bis 30, legt die Fesseln ab und versucht eigenständig zu fliehen.

  Gelingt ihr die Flucht, dürfen ihre Wächter sie einfangen. Es reicht eine leichte Berührung an der Schulter und der Kommentar „mitkommen".

Spielziel:
Rettung der »Little Princess«.

Anmerkung für den Spielleiter:
»Little Princess« versucht zu fliehen. Mit ihrem Plastikmesser darf sie **innerhalb** des Respawn ihre Entführer angreifen. Berührt sie mit dem Messer einen Spieler am Torso in Herznähe, ist dieser Spieler aus dem Spiel!

Kommen die »Entführer« auf den Gedanken sie zu bewachen und, drehen ihr den Rücken zu, darf sie bis 60 zählen und erneut versuchen ihre „Bewacher" aus dem Spiel zu befördern.

Den »Entführern« ist es erlaubt sie nach Drogen zu fragen. Daraufhin hat »Little Princess« wahrheitsgemäß die Verstecke zu verraten! Gerät »Little Princess« auf ihrer Flucht ins Feuer und erhält einen Treffer, ist sie aus dem Spiel und das Game wäre zu Ende. Wissen die »Entführer« um die »Drogenbeutel«, erhalten sie eine weitere Chance!

Es ist den Bewachern ebenfalls gestattet „Little Princess" nach versteckten „Waffen" zu befragen. Sie hat wahrheitsgemäß zu antworten und die „Waffen" abzugeben.
Allerdings darf sie sich ihre „Waffen" zurückholen, wenn sie sich befreit und ihre Bewacher nicht aufpassen.

Findet das Rettungsteam alle drei Beutel, dürfen sie diese den Entführern gegen »Little Princess« im Tausch übergeben. Dies gilt als Rettung, vorausgesetzt, die »Entführer« steigen darauf ein!

Wichtig:

    Wird „Little Princess" bei von einer BB getroffen, ist das Spiel automatisch zu Ende! In diesem Fall gibt es keine Gewinner oder Verlierer – sondern ein Unentschieden.

39– das Dorf

Komplexität:

    7 von 10

Spielumgebung:

    mehrere Häuser mit Wald

Benötigt:

    6 – 30 Spieler
    1 Schleife für den „Guerilla-Anführer"

Szenario:

    Im Herzen Afrikas – in den letzten Jahrzehnten:

    Mitten in einem winzigen Dorf existiert die einzige
    Wasserquelle im Umkreis von Dutzenden Kilometern. Ein
    paar wenige Kämpfer beschützen das Dorf vor einer
    Gruppe »Guerillas«, die »ihr« Dorf zurückerobern wollen.

Spielinhalt:

- ➢ Teile die Spieler in 2 Teams auf.
- ➢ Schicke Team 1 (Verteidiger) in das Spielareal.
  Für sie gilt die Sanitäterregel! Sind ihre Points
  aufgebraucht, haben sie das Spielgelände zu verlassen.
- ➢ Team 2 wählt aus ihren Reihen (je nach Spielerstärke)
  1 – 3 Spieler in den »Versorgungstrupp«. Der
  »Versorgungstrupp« bleibt vorerst aus dem Spiel
  draußen. Weiters losen sie einen Spieler aus, der als
  »Guerilla-Anführer« fungiert!

Spielziel:

Rückeroberung des Dorfes oder Eliminierung des »Guerilla-Anführers«.

Anmerkung für den Spielleiter:

Für das Team im Dorf existiert kein Respawn. Stattdessen erhalten sie eine Trefferpunktliste! Mit 10 Hitpoints sind sie aus dem Spiel!

Treffer in Arme und Beine: 1 Point
Treffer in den Torso (vorne wie Rücken): 4 Point
Kopftreffer: 2 Points und sie bleiben für 10 Sekunden auf dem Boden liegen!

Angreifer haben unbegrenzte Leben. Sie dürfen erst zurück in das Spielgeschehen, wenn mindestens 1 anderer Spieler in den Respawn kommt!

Gib dem »Versorgungstrupp« einen Behälter mit kleineren Gegenständen, die als »Versorgungsmaterial« dienen. Dieser Trupp bringt den Angreifern Munition, Essen und Sani-Packs! Die Spieler des „Versorgungstrupp" verfügen über **ein** Leben.

Der »Guerilla-Anführer« verfügt über 1 Leben! Erhält er einen Treffer, darf er einen Nachfolger benennen. Der Spieler reiht sich als „normaler" Guerilla wieder in die Truppe ein. Erhält der Nachfolger ebenfalls einen Treffer, benennt er einen weiteren Spieler als seinen Nachfolger. Sobald der 3. „Guerilla-Anführer" einen Treffer erhält, ist das Spiel zu Ende!

40 – Résistance

Komplexität:

5 von 10

Spielumgebung:

Wiese, Schottergrube, Wald

Benötigt:

ab 10 Spieler
1 Karte mit Koordinaten
2 Würfel
Schleifen für drei Teams

Szenario:

Frankreich – 1944:

Auf dem Weg zur Résistance landet eine Handvoll SOE Agenten mitten im Nirgendwo. Ihre Aufgabe ist die Bergung von Notizen deutscher Wissenschaftler, die sich im Augenblick versteckt auf dem Gelände befinden.

Spielinhalt:

➢ Verstecke ein Objekt (Truhe, Koffer, ...) irgendwo am Spielfeld. Darin finden sich die gesuchten Unterlagen!
➢ Teile die Spieler in 3 Teams ein.
➢ Lass jeden »SOE Agenten« abseits der anderen seine Landekoordinaten erwürfeln.
➢ Schicke die »SOE Agenten« auf das Spielfeld. Sie nehmen ihre Plätze anhand der Landekoordinaten ein.

[88]

> Résistance und französische Armee starten zeitgleich aus ihren jeweiligen Respawn.
> Die Résistance durchkämmt das Spielareal nach den »SOE Agenten« und gemeinsam suchen sie nach dem versteckten Objekt. Die französische Armee will beides verhindern.
> Ist das Objekt gefunden, muss es in den Respawn der Résistance gelangen.

Achtung:

Wird der Träger getroffen, hat er das Objekt an Ort und Stelle liegen zu lassen und sich in den Respawn zu begeben. Es ist untersagt, das Objekt nach einem Treffer zu bewegen und/oder zu werfen!

Spielziel:

Die Unterlagen gelangen in den Respawn der Résistance.

Anmerkung für den Spielleiter:

Du benötigst in diesem Spielmodus 3 Teams:

o *SOE Agenten (30%)*
    nutzen den Respawn der Résistance
o *Résistance (20%)*
o *französische Armee (50%)!*

Gib vor Spielstart den Spielern der französischen Armee **die Hälfte** der Landekoordinaten bekannt.

Variante:

Statt des Koffers finden sie den deutschen Wissenschaftler und bringen diesen in den Respawn.

SPIELREGELN

Es obliegt der Spielleitung, inwieweit diese vorgestellten Basisregeln Verwendung finden. Fühle dich frei, sie nach deinen eigenen Vorstellungen zu verändern und abzuwandeln oder komplett wegzulassen.

Erkläre vor **jedem** Spieltag den Teilnehmern an deinen Spielen die Regeln. Du verhinderst damit Unstimmigkeiten und Missverständnisse!

Sani-Regel

Jede Seite verfügt über mindestens einen Spieler, der als Sanitäter fungiert. Getroffene Spieler legen sich auf den Boden und warten, bis der Sanitäter bei ihnen eintrifft. Es ist gestattet nach dem Sanitäter zu rufen!

Eine kurze Berührung des Sanitäters reicht aus, damit der Spieler wieder einsatzfähig ist. Schafft der Sanitäter es nicht, binnen 3 Minuten beim „Verletzten" zu sein, verlässt der Spieler das Spielfeld.

Respawn-Regel

Verfügen die Spieler über mehr als ein Leben, „regenerieren" sie im Respawn. Mit erhobener Hand und gesichertem Markierer eilen sie zurück in den eigenen Respawn. Sie tragen ein helles Tuch oder eine Warnweste, anhand derer sie ihren Rückweg zum Respawn signalisieren.

Dort eingetroffen, berühren sie einen Holzpflock, eine Wand oder einen anderen Punkt und eilen sofort wieder in das Spielgeschehen zurück.

Markierer-Regel

Trifft eine BB den Markierer, bleibt der Spieler „am Leben". Er braucht nicht in den Respawn! Dies gilt nicht für den Markierer. In dieser Spielrunde hat er keine weitere Möglichkeit für einen Einsatz – er ist »verloren«.
Sofern der Spieler darüber verfügt, spielt er mit seiner Sidearm weiter oder »messert«, sofern er über ein Plastik- und/oder Latexmesser verfügt. SHOTen mit dem getroffenen Markierer gilt nicht!

Mindestdistanz-Regel

Unter einer Mindestdistanz ist schießen untersagt.

Offenes Gelände:

- ✓ Normale Markierer – 10 m
- ✓ Scharfschützengewehre – 25 m

In geschlossenen Räumlichkeiten ist die Mindestdistanz kürzer!
Unterhalb dieser Distanzen zeigt der Spieler mit dem Markierer auf den Gegner und schreit laut „SHOT" zur Signalisierung des Schusses!

Zeigt er nicht mit dem Markierer auf den Gegner, gilt das „SHOT" nicht!

Messern-Regel

Einzelne Spieler tragen ein Plastik- oder Latexmesser zur optischen Verbesserung ihres Displays mit sich.

Gelingt es einem Spieler, sich an den Gegner anzuschleichen, ist ihm »messern« gestattet. Es reicht eine leichte Berührung mit dem Messer – der Gegner ist damit außer Gefecht gesetzt!

NACHWORT

Scheut euch nicht davor, eigene Idee zu entwickeln!

Probiert aus was euch einfällt, testet Neues aus, orientiert euch nach Computerspielen oder nach Filmen – es liegt in eurer Hand.

Egal was du planst, überlege dir rudimentäre Grundzüge. Ist es ein neuer Modus, lass die Spieler austesten! Frag sie im Anschluss nach ihrer Meinung. Du profitierst davon!

Worauf ist bei der Neuentwicklung zu achten?

- ✓ Welches Spielgelände steht zur Verfügung?
- ✓ Mit wie vielen Spielern ist zu rechnen?
- ✓ Gibt es Spieler oder Freiwillige, die unabhängige Charaktere (abgeschossene Piloten, der Präsident, ...) darstellen wollen?
- ✓ Worum geht es bei deinem Spielmodus?
- ✓ Welches Equipment benötigst du?
- ✓ Legst du eine gewisse Zeitvorgabe fest?
- ✓ Planst du verschiedene Variationen ein?
- ✓ Wie komplex planst du den Spielmodus?
- ✓ Wie planst du die Spieler zu »unterhalten«?

Probiere aus, die meisten Spieler begeistern sich rasch für innovative Ideen.

Sei der Spielleiter, den sich Spieler wünschen – lass sie der Held in ihrer eigenen Geschichte sein!

Inhalt

In dieser Reihe erschienen

Band 1:

Airsoft Leitfaden für Anfänger:
   Dein Einstieg in ein faszinierendes und erfüllendes Hobby
   abseits des Mainstream!

Taschenbuch: 152 Seiten
Verlag: Books on Demand
ISBN-10: 3752804599
ISBN-13: 978-3752804591